AVEU

ET

TÉMOIGNAGE

CRITIQUE DE LA PREUVE ORALE

PAR

C. GRANIER

INSPECTEUR GÉNÉRAL DES SERVICES ADMINISTRATIFS
DU MINISTÈRE DE L'INTÉRIEUR

EXTRAIT DU *JOURNAL DU MINISTÈRE PUBLIC*

PARIS

MARCHAL ET BILLARD

IMPRIMEURS-ÉDITEURS, LIBRAIRES DE LA COUR DE CASSATION
Place Dauphine, 27

1906

AVEU ET TÉMOIGNAGE

CRITIQUE DE LA PREUVE ORALE

Les garanties individuelles, d'un côté, l'intérêt social, d'un autre, sont encore les seuls mobiles qui ont fait osciller toutes les législations criminelles entre la procédure accusatoire et l'inquisition, le jury ou la loi d'évidence. De récentes recherches psychologiques dans les Universités étrangères apportent de nouveaux éléments critiques pour le choix d'un meilleur système d'instruction judiciaire. Ces études tendraient à la réhabilitation de l'aveu et au respect de la foi accordée aux procès-verbaux, tandis qu'elles diminuent la valeur de la preuve testimoniale.

*
* *

L'aveu sans la torture était encore un baume souverain pour tranquilliser la conscience publique, lorsque les auto-accusations des alcooliques ont porté quelques atteintes à sa vieille renommée de présomption légale aussi utile au civil qu'au criminel. La confession involontaire arrachée sans brodequins ni chevalet serait de nature à lui rendre tout son crédit et le moyen d'arriver à un résultat aussi intéressant pour la découverte de la vérité mérite d'être conté par le menu.

Les expériences de Wundt sur les associations des idées sont bien connues. Le procédé consiste à demander au sujet de répondre instantanément par un mot à un autre mot donné, écrit ou de vive voix. Cette réponse n'est pas toujours inspirée par le sens le plus ordinaire du mot. Sans doute le substantif arbre amène le plus souvent : vert, forêt ou toute autre banalité du même genre qui se rapporte toujours à l'idée commune que l'on se fait d'un arbre. Si quelqu'un se singularisait en répondant transmission, cette association rappellerait un sens spécial, l'arbre de couche, et laisserait aisément supposer que l'auteur de cette réponse est un mécanicien.

Les occupations professionnelles ne sont pas les seules à exercer une influence sur le mot répliqué ; des souvenirs récents ou profondément gravés dans la mémoire produisent encore plus souvent des associations qui paraissent étranges lorsqu'on ignore les faits antérieurs qui les expliqueraient.

Déjà, dans une affaire qui remonte à 1890, la pratique judiciaire avait pu utiliser ces traces inconscientes d'une action ignorée.

Un nommé Brunner était accusé d'avoir tué ses deux enfants et leur bonne. Sa femme gravement blessée dans ce massacre se trouvait incapable d'éclairer la justice. « Tirée d'un profond sommeil, disait-elle, elle avait senti son lit tout mouillé ; alors un rayon de lune lui avait permis de se voir baignée de sang. Aussitôt l'effroi lui avait fait perdre connaissance. » Tout se bornait là. Il fallut lui apprendre qu'elle avait reçu de violents coups sur la tête. Les cicatrices l'empêchaient de le nier, mais ne lui rappelaient rien. Le juge fut ainsi forcé de clore son interrogatoire et l'invita à le signer. Alors au lieu d'apposer son nom de femme ou de jeune fille, elle écrivit Marthe Gutt... Grâce à la perspicacité du magistrat, ce dernier mot compléta l'information et valut mieux à lui seul que la déposition la plus circonstanciée. S'arrêtant à cette anomalie, il voulut savoir d'où provenait l'erreur du témoin et comment ce nom qui ne lui appartenait pas était venu sous la plume de la victime. Il ne tarda pas à l'apprendre. Gutt... avait été l'amant de la bonne. Les Brunner avaient défendu à leur jeune domestique de le recevoir. Il était en fuite. Il fut arrêté et avoua son crime. Aussitôt le souvenir conscient revint à Mme Brunner ; c'était bien lui qu'elle avait aperçu avant de s'évanouir et son erreur de signature la mit ainsi sur la voie de la vérité.

Le cas est pathologique. Un violent traumatisme avait causé l'amnésie ; mais voici alors non plus un effet du hasard mais le résultat d'une expérience tentée par un médecin légiste. Sollicité d'hypnotiser un domestique pour découvrir par un aveu un vol d'argent, le docteur Jung trouva l'hypnose trop chanceuse comme épreuve et préféra expérimenter les associations d'idées d'après le procédé de Wundt. Une liste de cent mots, dont trente, tels que tiroir, commode etc. se rapportaient au délit, fut lue au sujet soupçonné. Le temps des réactions mentales traduites par les réponses était chronomètré au cinquième de seconde. Le ralentissement après la lecture des mots critiques permit d'affirmer que c'était bien le voleur qui était soumis à l'expérience. Le retard aux mots suivants trahit encore mieux l'émotion du patient. Ainsi une réflexion de 2"6 lui fut nécessaire pour répondre à encre par papier parce qu'il avait dû précédemment trouver une réplique au mot « effraction ». On peut objecter que ce terme peut causer quelque embarras à un ignorant. Cependant un illettré pris pour la contre-épreuve n'eut jamais de différences de temps de réaction aussi marqués que le coupable.

Deux élèves de Gross s'étaient primitivement attachés surtout au sens de la réponse. Pas-perdus prononcé après Palais laissera supposer que le sujet appartient au monde judiciaire ; chemise évoqué par le mot argent constitue une association si extraordinaire qu'elle suffit, avec quelques autres aussi caractéristiques, pour convaincre un individu d'avoir pris de l'argent caché sous une chemise, si cette circonstance était déjà connue de l'interrogateur.

Les profanes supposent que l'inculpé gardera sur lui-même une maîtrise suffisante pour ne jamais se trahir de cette façon et pensent qu'il évitera toujours les termes compromettants. En effet, certains délinquants ont employé des mots que les expérimentateurs ont reconnus et qu'ils appellent hilfwort, secours. Leur retour après chaque substantif gênant permet de découvrir ce subterfuge. L'impulsion dans bien des cas est plus forte que la volonté. S'il y a une lutte où les inhibitions triomphent de ce genre de suggestion, l'angoisse de l'inculpé est encore révélée par ses hésitations ou par son silence prolongé, comme le montre l'expérience du docteur Jung avec le voleur domestique.

Quelques autres objections ont été soulevées contre ce système de recherche des coupables.

Dans le vol de nuit, où trouver des mots critiques ? le malfaiteur n'a rien vu et dans bien d'autres cas il n'a eu le temps de rien remarquer. Au contraire, la description du théâtre du crime donné par la Presse pourrait faire prononcer des mots congruents par un lecteur de faits divers qui n'a jamais été sur les lieux où s'est déroulé le drame.

Le professeur Zucker trouve encore cette nouvelle façon de donner la question trop coercitive pour être admise dans la pratique judiciaire. L'opinion du barreau lui sera également défavorable. Les avocats ne se laisseront pas convoquer pour assister à une expérience psychologique devant le juge d'instruction. En imposant leur assistance dans l'information, la loi française a condamné toute recherche par cette voie scientifique. Cette épreuve gardera longtemps encore le caractère mystérieux d'une ordalie. Quelques experts s'en serviront peut-être en secret sans oser motiver leurs conclusions sur ses résultats. Ils sont d'ailleurs encore contestés en Allemagne où Lederer fait observer que l'expérience a réussi avec le docteur Jung parce que le domestique ignorait le but poursuivi ; tandis que, si elle devient d'un usage courant, les inculpés ne pourront supposer que les magistrats s'adonnent à l'étude de la psychologie avec une ardeur toute nouvelle. Les refus de se prêter à la recherche des associations d'idées seront très fréquents et arrêteront le développement de cette méthode originale. Dans la science germanique elle est déjà baptisée « Tabestandsdiagnostik. » Le professeur Claparède de Genève, qui a décrit le mécanisme et donné la bibliographie de la nouvelle torture intellectuelle, propose de l'appeler diagnostic constellatoire, à cause du principe sur lequel elle est fondée : une association d'idées n'est pas seulement déterminée par l'excitant actuel, le mot entendu ; elle est à la fois le résultat de cet excitant, des souvenirs antérieurs et des dispositions mentales du sujet ; en un mot, de la constellation de ses idées (1).

*
* *

Le Code d'instruction criminelle a conservé un principe tiré de la preuve légale, c'est l'autorité de certains procès-verbaux proclamés intangibles par l'article 154. Que vaut cette survivance devant la science ?

Pour répondre à cette question, il faut d'abord remarquer que cette présomption de véracité ne s'attache avec sa plus grand force qu'aux actes des agents techniques qui relèvent des contraventions fiscales. Inutile de prendre la périlleuse voie de l'inscription de faux contre les constatations d'autres délits, encore moins contre ces rapports d'agents de police auxquels la justice attache quelque importance depuis que l'administration a jugé utile de les faire vérifier avec soin avant d'asseoir une poursuite sur des relations dont la valeur devient tous les jours plus contestable.

La probité des agents n'est pas en cause. La suspicion est fondée sur la difficulté de bien voir. Robert Houdin et son fils s'exerçaient à se répéter l'un à l'autre tout ce qu'ils apercevaient en passant

---

(1) E. Claparède, *La psychologie judiciaire*, in *Année Psychologique* de Binet, XII, p. 296. Paris, Masson, 1906.

[annotation manuscrite illisible]

dans une rue et ils s'imposaient l'obligation de saisir rapidement le plus grand nombre de particularités. Ils n'en constataient pas moins de nombreuses erreurs mutuelles. Sans doute les agents de police se promènent par deux ; mais rien ne prouve qu'ils se livrent au même entraînement, Or, de nombreuses expériences faites soit avec des dessins, soit avec un assemblage d'objets (1) en très petit nombre, prouvent notre défaut notoire d'observation.

Les recherches psychologiques ne semblent pas avoir été dirigées vers la découverte d'une mémoire professionnelle. Par son test de la description d'un objet, M. Binet paraît ne s'être préoccupé que de la valeur intellectuelle de chaque sujet, mais cette mémoire spécialisée n'existe pas moins, et dans tous les cas, l'observation qui est à l'origine du souvenir devient exacte jusqu'à être réellement scientifique lorsqu'elle est faite par une personne compétente telle qu'un douanier pour la contrebande, un garde de forêts pour un délit forestier. La constatation est d'autant plus facile à ces agents que les délinquants varient peu leurs moyens de fraude. La plus grande valeur probante attachée à leurs seuls procès-verbaux est donc pleinement justifiée.

L'avantage de l'exercice de la faculté d'observation dans un sens déterminé est démontré par la supériorité des résultats d'un enseignement raisonné comparés aux effets d'une plus grande culture générale.

Lorsqu'il y avait encore une école supérieure pénitentiaire, les élèves-gardiens prenaient part avec les agents de police, les gendarmes et les gardes municipaux, à des exercices de reconnaissance d'après le portrait-parlé. C'est une invention de M. Bertillon qui consiste à donner un signalement technique d'après lequel on doit retrouver le sujet dans une foule. Je demandai une contre-épreuve à la séance à laquelle j'assistais. Elle consistait à donner le signalement d'une personne absente de cette réunion composée d'une cinquantaine d'agents ou de spectateurs assemblés dans les combles de la Cour d'assises. Le premier élève à qui le papier fut remis revint au bout de quelques secondes en disant que sans doute le sujet était sorti. On lui affirma que personne ne s'était absenté et un autre agent fut appelé pour l'aider dans ses recherches ; tous les deux avouèrent de nouveau l'inanité de leurs efforts. Ils savaient qu'ils s'exposaient à recevoir des notes compromettantes

---

(1) Dr Simon, *Année psychologique*, VIe année, p. 470.

pour toute leur carrière s'ils ne découvraient rien. Ils n'en persistèrent pas moins à dire que la personne signalée n'était pas présente. D'autres agents dont nous piquâmes l'amour-propre en leur signalant la déconvenue de leurs collègues furent aussi énergiques dans leurs négations après des recherches prolongées.

Voilà donc une technique dont l'apprentissage est incontestable.

Voyons ce qui se passe dans un milieu bien plus instruit, mais inexpérimenté.

Le docteur Claparède de l'Université de Genève fait entrer à son cours à l'insu des assistants un homme masqué qui est expulsé au bout de vingt secondes. Le lendemain le professeur demande à ses élèves le signalement de l'interrupteur et les invite à retrouver son masque au milieu de dix autres. Sur 22 sujets, 10 se sont trompés, 8 ont hésité et 4 seulement l'ont reconnu.

On comprend que la reconnaissance de l'agresseur par la victime soit la source la plus féconde des erreurs judiciaires. Charpentier (Loire-Inférieure, 1871), Petit (Charolles, 1870), Lebet et Catin (Besançon, 1873), Guillabeau et Peyratout (Limoges, 1877), Brosset (Seine, 1880) ne forment qu'une partie de la liste décennale des revisions fondées, après condamnation par fausse reconnaissance, sur la découverte du vrai coupable. Evidemment l'émotion est une mauvaise condition d'observation. On dit bien que l'attention n'est qu'une émotion systématisée ; mais précisément la systématisation porte sur la conservation vitale plutôt que sur le désir d'éclairer la justice pour obtenir vengeance de l'attentat.

*
* *

On compte sur plus de calme chez les témoins. Reste à examiner la valeur de leurs déclarations. Sous le système des preuves légales, la jurisprudence les comptait ; sous la théorie de l'intime conviction empruntée à un rescrit d'Hadrien (1) que traduit aux jurés l'art. 342, C. inst. crim., chacun les pèse à sa balance. La psychologie voudrait trouver des règles pour les juger.

Ses premières études furent dirigées sur le témoignage considéré alors comme le plus sincère et encore, malheureusement pour la justice, le plus sensationnel.

____

(1) L. 3 § 2. D. *De testibus* : « *Non utique ad unam probationis speciem cognitionem statim alligari debere, sed ex sententia animi tui æstimare oportere quid, aut credas, aut parum probatum tibi opineris.* La loi ne prescrit pas un genre de preuve. Bornez-vous à rechercher l'impression produite par l'accusation et la défense. »

Lasègue porta les premiers coups à cette autorité infantile. Chargé d'une expertise sur les anomalies sexuelles d'un chemisier accusé d'un attentat à la pudeur sur un petit garçon, il ne découvrit aucune trace d'homosexualité chez l'inculpé, mais retrouva la genèse morbide de l'imputation chez la prétendue victime. Le jeune accusateur avait fait l'école buissonnière. A sa rentrée en retard, sa mère inquiète et croyant qu'il avait été victime de quelque outrage, lui en suggéra involontairement l'idée. A l'arrivée du père, elle résuma son interrogatoire sous forme d'un récit détaillé qu'elle apprit ainsi à l'enfant qui put le répéter devant le juge. On lui fit reconnaître la maison où il avait été conduit, il désigna la première venue sans y attacher la moindre importance. Il était trop tard pour reculer lorsqu'il fallut choisir un des locataires de l'immeuble. L'importance de l'appartement, l'enseigne du négociant, la crainte des fatigues d'une plus longue recherche lui firent désigner le commerçant.

Un autre aliéniste distingué, le docteur Motet, était médecin de la petite Roquette, lorsqu'il publia en 1887 sa communication sur le témoignage des enfants. Il avait un champ d'observation assez vaste, mais c'était une sorte de clinique. La loi permettrait de contester l'exactitude du titre de son ouvrage, car l'art. 79, C. instr. crim. semble rejeter le témoignage des mineurs de quinze ans ; mais pour la pratique des Cours d'assises combien ses critiques étaient justes ! Qui ne sait que la dispense de serment elle-même est l'occasion de quelques mots d'introduction de la part du président qui souligne la gravité de l'incident et la solennité de l'audition à titre de renseignement ? Leur effet est toujours certain, et lorsqu'il y a erreur de perception ou de mémoire, le mensonge est consacré d'ordinaire par le verdict. Cette coïncidence est-elle assez fréquente pour alarmer ? Le physiologiste qui s'est occupé de cette question après le docteur Motet, le docteur Bérillon disait au Congrès d'anthropologie criminelle en 1896 : « Les faux témoignages constituent en quelque sorte la base de notre instruction judiciaire ! » A l'appui de ce paradoxe, il établit que la suggestibilité persiste longtemps après la quinzième année.

M. Binet a prouvé par des expériences publiées dans son « Année psychologique (1) » que le souvenir augmentait rapidement chez

---

(1) V. notamment la XIe année *Science et témoignage* et encore *La suggestibilité* du même auteur, Paris, 1900, 8°.

l'enfant. Cette faculté passe en peu de temps du simple au double, mais elle a besoin d'être excitée par l'interrogation et alors apparaît le facteur de la suggestibilité qui détruit en grande partie le bénéfice de la mémoire et de l'attention. Cette suggestibilité diminue, il est vrai, à partir de douze ans. Ce qu'il en reste est encore trop important au point de vue de la fidélité du récit pour que le juge évite de toucher à cette corde. Souvent, dans la pratique, il la fait vibrer à son insu. Sans parler de la comparution dramatique de l'enfant en Cour d'assises, où le président semble se souvenir surtout de la maïeutique platonicienne et exerce, avec autant de maîtrise que Socrate, l'art d'accoucher les esprits, les psychologues ont constaté l'effet certain d'une série de formes interrogatives.

M. Binet a formulé la même demande sous trois expressions différentes :

La première était purgée de toute suggestion. Elle a encore permis de la part des enfants interrogés des erreurs dans la proportion de 2 contre 8 en chiffres ronds.

Avec la suggestion modérée dans la rédaction du questionnaire, le nombre les erreurs devient double : 5/8.

Cette proportion est changée en faveur du faux : 8/5, par la suggestion manifeste. Telles sont les questions limitées par une alternative : « Avez-vous vu ceci ou cela ? Précisez : les choses se sont-elles pasées de cette façon ?

D'après l'auteur, un magistrat ne s'aperçoit pas de l'incorrection du procédé. Sans doute, le juge ne peut se mettre au courant des incessants progrès de la psychologie ; mais il est pénétré de notions plus durables, le principe des lois, et son Code d'instruction criminelle ne cesse de lui répéter : vous entendrez le témoin, vous ne l'interrogerez que sur son identité, au début, et, à la fin, pour lui demander s'il persiste (art. 74, 75 et suiv.). Notre législation est plus sage, plus conforme aux nouvelles découvertes, que la *cross-examination* qui double le mal que l'on reproche à notre juge interrogateur et ne permet pas toujours d'apercevoir les erreurs par leur reproduction en sens contraire comme dans l'essai du tire-ligne. Si la pratique judiciaire admet le forçage du souvenir qui tombe vite dans la suggestion, c'est elle qui est fautive et qu'il faut corriger.

* *

Les anomalies sont sans intérêt. L'enfant est devenu suspect. La même défiance s'impose à l'autre extrémité de la vie. Une thèse de Nancy est consacrée à la critique du témoignage des vieillards. Trois motifs principaux en font contester la valeur : la fatigue intellectuelle, l'amnésie, la diminution des sensations. Les conclusions pratiques à tirer de l'étude du Dr Cazin se résumeraient, en plus de l'examen médical, dans les deux conseils suivants : ne pas fatiguer le témoin âgé par un long interrogatoire ; lui faire répéter sa déposition à quelques jours d'intervalle avant de la considérer comme acquise. La femme éprouvait autrefois pareille défaveur. Dans les preuves légales, son témoignage ne valait pas la moitié de celui d'un homme. Les recherches de laboratoire viennent confirmer cette prévention. Le souvenir de la femme serait plus étendu, mais plus contaminé d'erreur que celui de l'homme. Une différence plus importante entre les deux sexes se manifesterait dans la conviction. L'esprit critique plus développé chez l'homme le rend hésitant pour un quart de ses affirmations tandis que, malgré sa religiosité plus marquée, la femme est prête à attester sous la foi du serment les quatre cinquièmes de ses récits (1). Cette question du serment sera reprise après l'examen par expérience de laboratoire de l'exactitude moyenne des récits.

Un premier essai tenté par le professeur Von Liszt, il y a quelques années, est déjà connu sous le nom d'affaire Tarde. En voici le scenario que le professeur a réglé, numéroté et suivi avec soin à la représentation par deux de ses élèves.

---

(1) V. la fausse reconnaissance de Lesurques par des femmes, in *La femme criminelle*, p. 279, Paris. Doin, 1906.— Pour les hystériques, voir un article du Dr Rouby à propos du procès Cauvin in *Archives d'anthropologie criminelle*, 1897. Il rapporte une curieuse affaire remontant à 1828 où une malade, pour se venger d'un fiancé qui l'avait abandonnée, détruit des ceps de vigne et fait condamner deux jeunes gens innocents, puis se blesse pour faire également condamner leur oncle, se frappe de nouveau pour faire poursuivre un parent. Un alibi évita à la justice d'Arbois une nouvelle erreur judiciaire. Il en fut de même pour deux incendies et la mutilation d'un animal domestique. La malade fut certainement l'auteur de ces méfaits et les imputa toujours à la même famille. La justice, arrêtée par l'opinion publique qui considérait cette criminelle comme une sainte persécutée, n'osa pas instruire contre elle ni la poursuivre pour faux témoignage. Comme dans les romans, elle se perdit elle-même et fut condamnée pour empoisonnement de son mari. Il fallut ce dernier crime pour découvrir son état nerveux et mental dont l'affection lui valut l'admission des circonstances atténuantes. Son prestige avait cessé, elle avait déjà été condamnée pour vols domestiques. Sans ce précédent, la mort du mari fût restée impunie.

L'étudiant A. dit à la conférence : je vais examiner la théorie de Tarde au point de vue de la morale chrétienne. Un des assistants, l'étudiant B. s'écrie : C'est complet ! — A. Laissez-moi parler. — B. C'est ridicule. — A. Je vais ajouter un mot.. (il s'avance vers B.) — B. A bas les mains ou... — A. continue à marcher vers B. qui tire de la poche de son pantalon un revolver et vise A. à la tête. A. détourne l'arme en frappant sur le bras de B. Le revolver ainsi abaissé part à la hauteur de la poitrine de A. qui s'affaisse. B. s'enfuit. etc.

Bien rassuré sur l'exactitude du jeu des acteurs, le professeur dit aux autres élèves qu'avant de donner à cette affaire la suite qu'elle comporte il désire avoir leur témoignage individuel et il les fait séparer pour que chacun d'eux rédige de son côté son rapport.

Pas un des récits ne fut concordant. Le juge Gross avait prévu ce résultat. Divisant un acte en plusieurs scènes décomposées elles-mêmes en gestes et en répliques, il constate que, forcées dans le mouvement, une partie de ces scènes peut échapper à l'attention du spectateur, soit qu'elle n'ait pas été éveillée au début soit qu'elle soit fatiguée à la fin, soit qu'elle s'éparpille au milieu. En outre toutes les intelligences ne seront pas capables de reconstruire la division naturelle, d'où les faux enchaînements. Excitée par le principe de causalité, l'imagination prend bientôt la place du souvenir pour satisfaire la logique.

Dans l'affaire Tarde, un assistant rêveur n'a pu être réveillé qu'à la fin. D'autres mal placés n'ont pu tout voir ni tout entendre sans parler de ceux qui n'étaient pas aptes à saisir et à juger sainement. Appelons a, b, c, d, e, f, g, etc. la série des actes accomplis. La liaison logique serait par hypothèse, a, b, c, d, puis $e f$, enfin g, etc. Si un témoin ne survient qu'en b et ne peut voir f il est à craindre qu'il n'associe b, c, d, f, tandis qu'un autre arrivé encore plus tard réunira par exemple f, g parce qu'il n'a rien vu auparavant.

Le cinématographe devrait permettre de multiplier les épreuves. Elles mériteraient d'être poussées plus loin. Après avoir constaté la divergence des récits séparés, comment se formera le *consensus*, par les confrontations ou par les simples conversations ? Quelle sera la différence entre l'exacte représentation et cet accord subséquent qui rappelle en petit l'opinion publique ? Sans doute les variations, si l'on procède par groupe en conservant le même thème, se marqueront par l'influence de certaines personnalités. Cette découverte d'équations personnelles appartient à la psychologie pure ; mais le magistrat trouve de sérieuses conclusions à tirer de la leçon de M. Von Liszt.

L'autorité du témoignage devient une superstition que l'ancienne jurisprudence ne connaissait pas. A peine les témoins ont cessé d'être les compurgateurs qui, répétant unanimement une même formule, doivent être comptés comme un troupeau ; dès que Beaumanoir a parlé de les interroger « subtilement », les jurisconsultes poussent le cri que transcrira Loisel : « Qui se met à l'enqueste est une beste ». Dans le droit civil, des raisons financières, il est vrai, nettement avouées par l'ordonnance de Moulins, condamnent la preuve orale au profit de la preuve écrite ; c'est alors que la doctrine supplée au silence de la loi pour réglementer la preuve orale au criminel. La définition de Ihering est exacte pour les deux juridictions : « la preuve est la compensation imposée pour la reconnaissance des droits par les tribunaux » ; c'est l'esprit fiscal de l'ordonnance de Moulins. Pour la démonstration des actes insolites et souvent fortuits, tels que les crimes, la difficulté est plus grande que pour un marché. On peut, sans de trop graves inconvénients sociaux, mettre hors de cause des contendants qui n'ont pas soumis leur contrat à l'insinuation ; il est plus délicat de refuser justice à une victime ; mais il était bien cruel de torturer un innocent.

Malgré les critiques, les jurisconsultes avaient résolu humainement la question. La disparition de la torture peu avant la Révolution permet de regretter la réglementation des preuves. La distinction établie par les anciennes Cours criminelles entre les indices et l'affirmation du fait délictueux lui-même n'aurait pas permis d'envoyer à l'échafaud un assassin comme Pranzini. Sa maîtresse ne fournissait qu'une présomption ; son coiffeur, un indice éloigné ; à eux deux, ils ne donnaient pas une demi-preuve. Quant aux filles publiques de Marseille qui avaient reçu les bijoux de la victime, leur profession faisait écarter leur témoignage par le sévère Muyart de Vouglans. Restait la tenancière du cabinet d'aisance où Pranzini s'était débarrassé d'objets compromettants. En admettant que ce fait constituât plus qu'un indice, le Châtelet n'eût pu ordonner la question sur un seul témoignage de femme. Les autres témoins appartenaient à l'information générique, *in re*, et ne fournissaient rien sur l'accusé. Quelques-uns même, comme le concierge, plaidaient plutôt en sa faveur.

Pareille observation fut faite autrefois sur la condamnation de

Marie Capelle, femme Lafarge (1), mais c'était pour recommander la hiérarchie de l'expertise telle qu'elle existe encore en Allemagne.

Sans doute les juges d'autrefois n'auraient pas prononcé pour cela le relaxe. Par une inexplicable aberration, ce n'était pas le crime toujours capital, mais l'habileté à rendre la preuve difficile qui mesurait la gravité de la peine. Preuve complète légalement : mort. Preuve suffisante moralement : galères. Preuve laissant subsister quelques doutes : plus ample informé ; c'était la prison *sine die*, le rêve de l'Ecole italienne ; Mme Lafarge l'eût obtenue, rien n'était changé pour elle. La Marine royale se fût félicitée d'avoir un galérien comme Pranzini, c'était une économie pour le Trésor d'au moins cinq cents livres, prix ordinaire d'un Turc, et qui sait si sa maîtresse n'eût pas réuni cette somme pour obtenir sa liberté ? Par cette étrange tarification, les anciennes justices durent combattre surtout le crime patent, l'attaque audacieuse en plein jour à main armée. Les criminalistes pouvaient invoquer la crainte du scandale à l'appui de leur théorie. Elle ne trouverait plus de défenseurs à l'heure présente. Cependant certaines circonstances atténuantes votées par les jurés semblent encore dictées par les mêmes motifs que l'adoucissement des peines de l'ancien droit ; c'est une transaction avec le doute sur la culpabilité. Cette survivance subconsciente serait de nature à faire craindre que la loi du sursis n'ait été promulguée trop tôt. Elle fournit en effet un moyen de juger les *évidences* sans inconvénient pour le délinquant. La condamnation conditionnelle remplace le *usque quo*.

Raison de plus pour soumettre la preuve à peu près unique, le témoignage, à un sévère examen.

* *

Dans une étude très complète que vient de publier l' « Année psychologique » (2), M. Larguier des Bancels demande l'application des méthodes de la critique historique à l'appréciation des témoignages judiciaires. La loi paraît dicter une conduite diamétralement opposée. Alors que pour l'historien, la véracité d'un témoin ne suffit pas à garantir l'exactitude de tout son récit, aux yeux du

---

(1) Teinme et Noerner, *Le procès Lafarge examiné d'après la législation criminelle de Prusse*, Paris, 1841, 8°.
(2) XII° année. Paris, Masson, 1906, 8°.

magistrat, le témoignage doit être indivisible, comme l'aveu. Le
Président des assises fait tenir compte des variations des témoins
et là se bornera le procès-verbal du greffier après la relation pro-
tocolaire.Donc la moindre contradiction pourrait motiver une poursuite pour faux témoignage et entraîner le rejet de tout le contenu.
Mais si le témoin est de bonne foi, il sera acquitté. La réticence
n'en constitue pas moins un faux témoignage. Ces rigueurs ne
sont pas d'un usage fréquent ; elles restent possibles et c'est trop.
Plus le témoin est consciencieux et intelligent, plus il sera porté à
nuancer son récit au point de vue de la certitude. La différence
entre les femmes et les hommes a été indiquée à ce point de vue.
Il en résulte que le serment, si en honneur jadis, a conservé une
valeur que l'on aurait tort de méconnaître sous le prétexte de je
ne sais quelles idées égalitaires ou philosophiques. Barbeyrac l'ap-
pelait, avec plus de raison, une sûreté pour la justice dont la force
dépend de l'impression que fait,sur l'esprit des hommes,la crainte
d'une Divinité. Un juge d'instruction au tribunal de la Seine,
M. Paul Jolly, paraît rejeter cette nuance et attribue à tous les
témoignages, même aux plus indignes, ceux des condamnés, la
même valeur. En 1809, Vuillaume fut condamné à mort pour
assassinat de sa femme commis au dehors alors qu'il était en prison,parce que ses codétenus affirmaient qu'il avait été libéré avant
l'expiration de sa peine. Cette assertion rendit suspect le témoignage du gardien qui affirmait l'alibi et fit préférer les dires des
repris de justice. La passion politique n'est pas étrangère à ces
préventions. Un meurtre hors de la prison reproché à un détenu fut
l'occasion d'un procès criminel à Madrid (août 1888) qui divisa
toute l'Espagne pendant plusieurs années. La loi a été sage en
diminuant la créance due aux allégations qu'elle n'admet pas
comme témoignage puisqu'elle ne permet pas de les revêtir de la
solennité du serment. Pour affaiblir la portée de cette distinction,
M. Paul Jolly fait observer que la prestation de serment est souvent instinctive puisqu'il est d'habitude de souligner la certitude
en disant : je le jure (1).Le professeur Stern a fait l'expérience du
degré de conviction dans la fidélité de la mémoire, en présentant

---

(1) *Revue pénitentiaire*, XXIV° année, p. 976. Il résulte de cette intéres-
sante étude qu'un professeur à l'Université de Genève, M. Gautier, serait le pro-
moteur de cette théorie de l'égalité des témoignages devant la justice criminelle. Les élèves feront bien d'aller rectifier ces idées absolues aux leçons du
Dr Claparède.

la reproduction illustrée d'une petite scène à ses élèves qui devaient la décrire quelques jours après et indiquer les détails dont ils étaient absolument sûrs et qu'ils étaient prêts à attester sous la foi du serment. Il n'y avait que treize erreurs dans les affirmations catégoriques. Elles étaient triples pour les autres parties des récits.

Le temps écoulé entre l'observation et le récit a une influence qui n'a pas besoin d'être démontrée. Toutes les expériences justifient la prescription de l'action publique dans un temps assez court.

Les philosophes écossais, qui se livrèrent les premiers à la critique du témoignage humain, avaient donné à l'ancienneté du récit une valeur négative exagérée jusqu'au paradoxe. Craig démontrait que les événements cessaient d'être croyables 3.153 ans après leur arrivée. Un autre mathématicien, Peterson, avait découvert dans ses calculs que l'année 1789, devenue célèbre à un tout autre titre, marquerait le terme de la croyance due aux Evangiles. Laplace, sans contester le principe, en restreignit l'application aux traditions orales. Il comparait la diminution de la vraisemblance à l'extinction de la clarté des objets par l'interposition de plusieurs lames de verres. Chacune d'elles isolément laisse passer l'image distincte et cependant il suffit pour la cacher de superposer au devant un certain nombre de plaques également transparentes. Il convient de rappeler la distinction à faire entre la critique historique et la philosophie du témoignage, qui n'en est qu'une partie. Janet, pour réfuter Laplace, fait remarquer que l'authenticité d'un monument une fois admise conserve toute sa valeur indépendamment de son âge.

L'analogie avec le procès-verbal s'impose dans ce dernier point de vue. Néanmoins et en dépit de toutes les vérifications, la déchéance, par l'effet de la seule date de la rédaction, semble une mesure bien plus sûre, lorsque l'intérêt à être fixé sur un acte qui n'a rien d'historique s'évanouit également dans la nuit du temps.

*
* *

Ainsi le vieux Code d'instruction criminelle semble contenir comme le pressentiment des plus récentes découvertes, tandis que la pratique judiciaire se mettrait plus souvent en contradiction avec les nouvelles données de la science. Nous avons essayé de parer à cet inconvénient peut-être un peu tard et insuffisamment encore. Le Dr Legrain vient de publier des leçons de psychiâtrie données à la faculté de droit en 1905. Depuis 1893 les étudiants en droit d'Heidelberg bénéficient de l'enseignement intégral de Krœpelin. Dans l'université allemande on ne fait pas de pathologie mentale à l'usage des gens de robe. Futurs médecins et futurs avocats sont réunis à la clinique. Le même malade est présenté à un étudiant en droit et à son condisciple en médecine. Ils doivent rédiger une observation en se plaçant chacun au point de vue de ses études. Leur travail est ensuite discuté devant la jeunesse des deux Facultés. Inutile de dire que des maîtres comme Krœpelin ou Sommer à Giessen négligent les cas en quelque sorte classiques et choisissent les sujets soit parmi les simulateurs, soit parmi les mentalités douteuses ou simplement affaiblies.

A moins que le port du béret ne soit venu tout unifier, l'impossibilité de fusionner les deux auditoires est manifeste. Les étudiants en médecine écoutent leurs professeurs, le chapeau sur la tête, les étudiants en droit découvrent un vestiaire pour se débarrasser de leur chapeau de soie pendant le cours ! On peut toutefois se demander si la visite à la prison constitue toujours la suprême initiation en criminologie. A l'étranger, les maîtres de la jeunesse ont pensé qu'en dehors de cette promenade instructive, il y avait toute une science dont le futur magistrat devait connaître les applications à l'enquête. Le chef de l'école de Lyon, M. Lacassagne, en a encore réservé l'enseignement aux futurs médecins experts. Les élèves des Facultés de droit en bénéficient également partout ailleurs. La psychologie légale a été d'abord enseignée par M. Gross en Autriche dès 1894. Trois volumes ont été publiés sur ses leçons qui font encore autorité. Plus récemment, M. le professeur Claparède a subdivisé ce démembrement de la science en psychologie criminelle et psychologie judiciaire. Il étudie à Genève cette dernière en l'une de ses parties, la crinologie ou la psychologie du juge, le côté subjectif a été suffisamment exposé par M. Gross ; l'autre, le côté objectif, l'activité psychique du déposant (Vernomen) est l'objet particulier du cours de l'université helvétique. Dans un article sur ce sujet (1) le Professeur s'efforce d'intéresser les philosophes à ces recherches. La crainte d'une certaine indifférence de la part des plus intéressés à connaître leur résultat engage à finir ce résumé par cette boutade du psychologue suisse

---

(1) *La psychologie judiciaire*, in *Année psychologique*. Paris, Masson, 1906, 8.

dans l'espoir qu'elle remuera quelques torpeurs universitaires : « Lorsqu'une personne a constaté par expérience l'insuffisance de sa faculté de témoignage, çà l'instruit plus que tous les cours théoriques du monde. En outre, çà lui donne de l'intérêt pour l'étude de la psychologie. » Les préventions, les impulsions et même la naïve sentimentalité rendraient de telles découvertes bien nécessaires pour l'esprit public. Quelle est la Faculté qui permettra à nos contemporains de les faire !

Imp. J. Thevenot, Saint-Dizier (Haute-Marne).

Imp. J. Thevenot, Saint-Dizier (Haute-Marne).